評言社 MIL 新書

薬剤師の村松さん

地域とコラボするカフェ＆薬局のカタチ

鈴木 信行

Nobuyuki SUZUKI

JN120946

002

評言社

まえがき

生まれつきの身体障がい者であり、複数のがんに罹患、治療した経験がある私。今では毎日の服薬が欠かせない身体になり、これまでに複数の薬局を活用し、多くの薬剤師の方にお世話になりました。

また私は、これまでに、製薬企業の研究所に在籍したり、飲食店の経営や複数の団体の立ち上げや運営に携わってきました。

その私が、今の薬業界を俯瞰して見つめてみて、思うことがあります。

それは、薬局・薬剤師はもっともっと輝ける可能性が十分にあるということです。さらに、高齢化に直面している日本において、地域医療を支える大きな存在であると考えるのです。

しかし、多くの経営者と接している中で、診療報酬制度に振り回され、一般的な経営スタイルを取り入れずに活躍しきれていない薬局もあり、とても残念に思うのです。

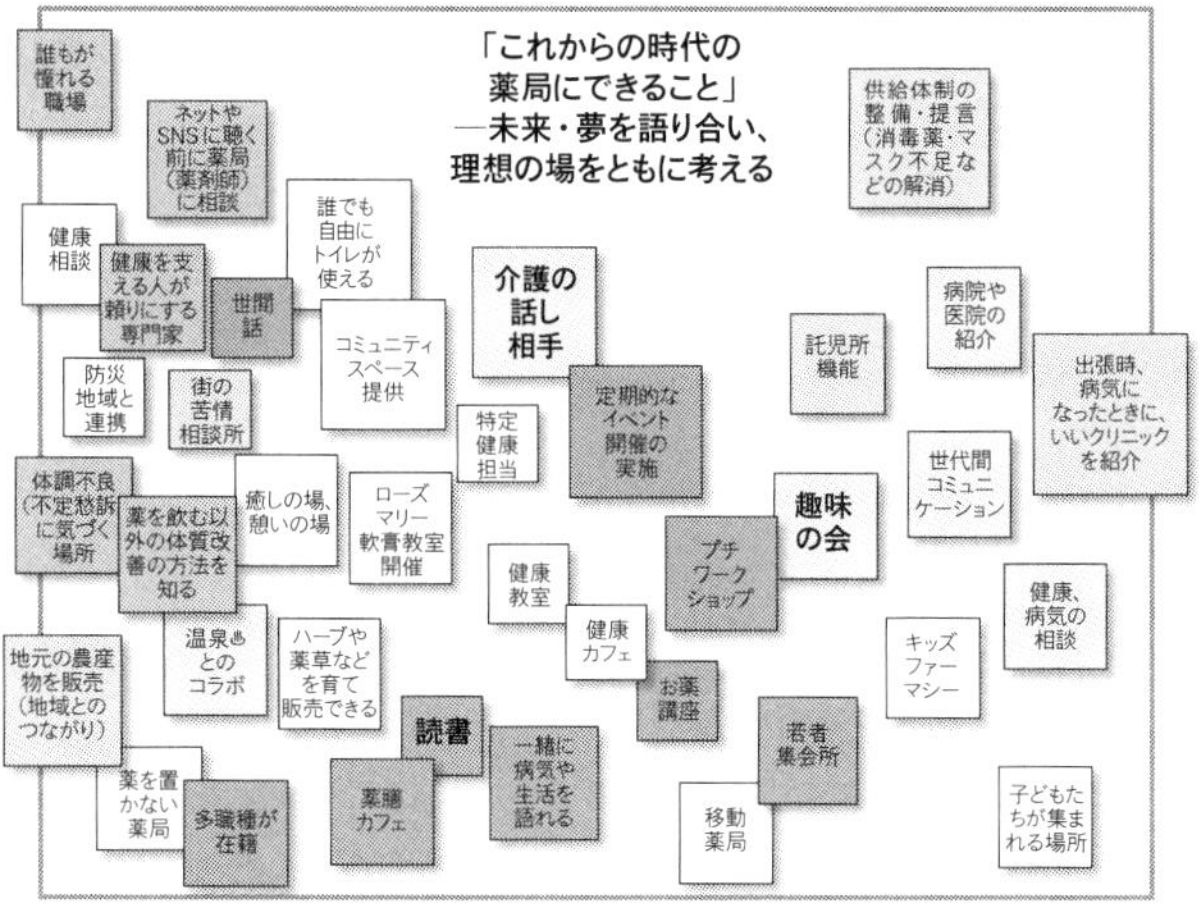

私は患者の立場として、もっと薬局・薬剤師が活躍できる社会を期待しています。

そこで、２０２０年６月、私は「これからの時代の薬局にできること」というテーマのイベントを開催しました。このイベントに参加したのは、薬剤師３名、他の医療職２名、一般市民の立場４名の計９名。

私たちは、付箋を使ったブレーンストーミングの手法を用いてアイデアを出し合い、薬局の可能性について理解を深め合いました（図はその際に挙げられた付箋の一覧です）。

薬剤師を含め、参加した私たちからの期待は、診療報酬に振り回されている姿ではありません。

薬局とは、地域の中で、他の業界とつながり、さまざまなコラボ活動を行い、日頃から顔の見える関係性を築き、そして、いざというときに頼れる存在である「街の健康拠点」です。

参加していたある薬剤師は最後にこう言いました。

「数年前も同じテーマで対話をした。その時と期待されている内容はさほど変わっていない。社会はこれほどにまで変わっているのに、それにほとんど応えられていないことに、強い衝撃と危機感が生まれた」

そこで本書では、今のあるべき姿に加え、この対話の会で出た意見や情報をもとに、10年後の薬局もイメージしてみました。

本書で書いたような具体的なことが実現するかわかりませんし、私たちでは予想もしていないことが起きるかもしれません。しかし、社会の変化に対して、柔軟に変わり、その先をいく意欲と行動力がある組織だけが、社会に必要とされるのです。

鈴木 信行

もくじ◎薬剤師の村松さん

⑫ 10年後の想像から、今すべきことを

❶ 地域に溶け込み、街の健康拠点になる

地域の活動に参加する

「わっしょい」「わっしょい」——神輿《みこし》が街を練り歩く。

私も町内会の法被《はっぴ》を羽織り、秋のさわやかな風が流れる早朝から近所の仲間たちと神輿をかついできた。

50歳もまわり、ふだんはさほど身体を使わない身にとっては、小さな町内を回っただけで、息があがる。

「なんだ、のぶさん、もう休憩か？」

隣に住む森谷さんが笑いながら、神輿から離れた私を見て声をかけてきた。彼は、私より10歳ほど上だろうか。ふくよかに丸く出たおなかが法被と似合っている。

後ろに若い青年がいて、森谷さんが紹介してくれた。

「こちらは、ほら、角にできたおしゃれなカフェのマスター」

「村松です。よろしくお願いします。あの、じつは…、あの店はカフェだけではなくて、薬局もあるんですけど…」

申し訳なさそうに、私たちに言った。

「そうなの!?」

「えっ!?」

私と森谷さんがそろって驚いた。どう見ても、カフェだ。先月ぐらいに新装開店の花輪や胡蝶蘭が並んでいたので、町内では噂をしていた。この町内に素敵なカフェができたことを口々に喜んでいたのだが、カフェに薬局が併設されているとは思わなかった。村松さんは薬剤師で、薬局側の担当だという。カフェのほうは、彼の奥さまが担当しているらしい。

この祭りには、町内会に入会した際に、町内会長の山野さんに誘われて参加したそうだ。さほど知り合いもいない中で、祭りに参加するとは勇気がある。

「薬局もカフェも、地域のみなさんの生活に溶け込んで、街の健康拠点になりたいのですから、地域の活動に参加するのは当たり前ですし、こうやって祭りを手伝えるのは嬉しいです」

まだ30歳ぐらいだろうか。若いのに、カッコいい。

祭りは昼から酒を飲み交わし、近所のみんなと仲よくなれる絶好の機会だ。そして、その店の人と、こうやって地域のイベントで出会うことができる。昔ながらの人と、新しい人が出会う場として、とてもよい機会だ。初めて会ったのにもかかわらず、一緒に飲みだした。

商圏にある店を活用する

「この辺りに、文具屋や酒屋はないですかね？」

酒が少し進んだ頃、村松さんが切り出した。どうやら、まだ商店会にはあまり顔を出せていないらしい。

森谷さんや山野さんが商店会に入っている店を紹介する。

「ありがとうございます。地域のみなさんとつながりたいので、消耗品はできるだけ同じ町の中で購入させてほしいと思っているので、助かります！」

聞けば、カフェの食材やちょっとした備品なども、ほぼすべてをこの町内の店で購入しているらしい。

〝地産地消〟という言葉を私は思い浮かべた。

これは、農産物や海産物だけの話ではない。カフェも薬局も、地域に住んでいる人に向けた商売なのだから、その方たちも潤うことも考えながら、ともに商売をしていき、地域全体として盛り上がっていこうという意思を感じる。どの業界も、他業界の店との取引は当然ある。その場合、商圏にある他業界店舗を使うことで、相乗効果をねらえる。

初めて経営する店舗らしいが、そのあたりの経営のノウハウは学んでいるらしい。

「これからの薬局やカフェは、スタッフが店内でお客さんを待っていては商売できないと私は思っているんです。特にうちはみなさんのようなこの街に住む方が対象となりますので、みなさんとともに、地域を盛り上げていきたいんです」

他業界とコラボする

神輿《みこし》が戻ってきて、大勢の人が集まりだした。

酒が進んできたので、互いに口調は滑らかになっている。

「経営を学んだんだね？」

感心したので、聞いてみた。

「いや。妻が飲食業だったのですが、飲食業では他の業界とコラボしたり、相乗効果を狙うのは当たり前のことらしいです」

確かにそうだ。薬局が薬業界内だけの付き合いで成長していけるはずはない。むしろ、他の業界とつながるからこそ、本当の強みが出せるようになる。

「私の店はたまたまカフェと薬局ですけど、もっと広い視野で考えれば、商店会にはあらゆる業種の方がいるのですから、商店会を一つのショッピングモールと考えれば、それはデパートにもなりうると思っています。だからこそ、薬局も他の業界とつながるために、もっと外に出ていろいろな方とコラボをしていきたいんです」

なかなか視点が面白い。

商店会が一つのデパートならば、街全体で一つの国になれそうだ。

「どんなコラボをしてみたいの？」

森谷さんが聞いている。

「そうですねぇ」

村松さんは、周囲を見渡した。何軒かの個人商店が目に入ってくる。

「薬局がコラボするなら…。そうですね、例えば、ふとん屋さんとだったら、睡眠をキーワードに、眠くなる薬と枕の組み合わせが考えられますよね」

他にも、並んでいる商店を挙げて、順番に手あたり次第、言い出した。

その発想力に驚く。コラボの話が面白く、周りにいた他の人も口を出してくる。若い新人は町内会では珍しい。あっという間に、仲間が増えていったようだ。

「同じ商圏の中にある同業者と同じような店をやっていては、お客さんに選んでもらえるようになりません。でも、周囲の店に声をかけて、オリジナルの取り組みをすることで差別化が図れて、ようやく薬局の存在を思い出してもらえるようになる。つまり、それがスタートだと思うんです」

お客さんを待っているだけの店が、お客さんのニーズに応えられるはずはない。一方で、お客さんのニーズは、街中にいくつも転がっているものなのだ。

山野さんが声をかけた。

「あんたの薬局には、普通にコーヒーを飲みにいってもいいの？」

「もちろんです！」

この住宅街に新しい仲間が増えた。

《まとめ》

□地域の活動に参加する　地域包括ケアシステムにおいて、医療機関等や他職種と連携して適切な役割を果たすためには、その地域にある資源を知る。
□商圏にある店を活用する　他職種とは、医療・介護だけを指すのではない。あらゆる商圏内の店や人が対象となり得る。
□他業界とコラボする　患者にとって住み慣れた街を形成しているのは他業界。さまざまな可能性を視野に入れて、幅広くつながる。

❷ 個性があり、ターゲットが明確

ターゲットを明確にする

祭りの翌日。片づけもあり、町内会の役員をしている私も会社を休んで、手伝っている。

神輿の隅々まで丁寧に拭かなければならない。慣れない体勢が続き、身体が予想よりも疲れた。

お昼時間が近づいた頃、作業の終わりが見えてきた。それを見定めると、町内会長の山野さんがランチ休憩に誘ってくれた。村松さんが経営しているという薬局を併設しているカフェに行ってみようというのだ。

大賛成だ。昨日の話を聞いて、夜に妻にその様子を語ってしまったほど、興味津々だった。

「こんにちはぁ」

おしゃれなカフェだ。だが私たちは、今まで汗だくになって作業していた中年のおじさんばかり4人。少し声を落として、控えめに店に入った。昨日、彼に出会っていなかったら、入るのはちょっと勇気がいる。

「あ、来てくれたんですね！」

カフェに入ると、店内の奥、いや、裏手になるほうから村松さんが顔を出してくれた。どうやらその奥が薬局になっているらしい。

「昨日のお祭りで輪に入れてくれた町内会の方たちだよ」

彼は、カフェにいた女性に言った。真弓と名乗った彼女は、村松さんの奥さまだ。

私の隣に座った森谷さんが、水を持ってきた彼女に言う。

「なんか、こんなきたない格好で、申し訳ないね」

笑顔で、おどけながら答えてくれた。

「まったくかまいませんよ。うちは、40代の女性向けのお店づくりをしているので、今度は奥さまを連れてきてくださいね」

初対面でこの切り返しができるとはすばらしい。

そして何よりも、店のターゲットが明確になっている。メインは40代女性だという。

さらに言えば、センスがよくて、都会的で、社交性があり、多趣味で、明るい感じの女性が好みそうだ。

白が基調の壁紙は軽くピンクがかっていて明るい。照明も間接照明を有効に使い、置いてある雑誌も40代の女性が好みそうな女性週刊誌に合わせて、哲学や占いの本などもある。BGMも最新ではなく、少し前に流行り、私でも聞いたことのある楽曲のオルゴールが穏やかに流れている。

店のすべてがターゲットに向けて用意されている。

奥につながる薬局は手持ち無沙汰らしく、薬剤師の村松さんが顔を出してくれた。

「センスいいね」

思わず出たセリフに、彼は答える。

「ターゲットをできるだけ絞り、明確にして、お客さまが最高に心地よい空間をつくるのが、カフェでも薬局でもセオリーですから」

「薬局の側もこんな感じ?」

「はい。ぜひ、後で立ち寄ってください」

常識を打ち破り、ターゲットに最高の空間を

食後に、誘われたとおり、私は奥に続く薬局に顔を出してみた。途中に仕切りができるようになっている。どうやらここで区切ることもできるらしいが、今は扉が開いており、一体化した店にしか見えない。カフェの一角に薬局があるかのようだ。

「ここで2人の分担が決まっているの?」

間仕切りの部分を指して聞いてみた。

「まぁ、そうなんですが、行政の許認可が違うという意味が大きいです」

そうか、そういうちょっとした工夫次第で、こういう店もつくれるということだ。外の光が明るい待合室はカフェの延長線のようで、おしゃれだ。ソファもカフェと同じものを使っている。大きなモニターがあるが、そこではテレビ番組が放映されることはなく、ヨガをしている女性の映像が無音で流れている。待っている間に、真似して運動してみたくなる。

ＯＴＣ薬はきれいなガラスのショーケースに入っている。

「まるでケーキやスイーツが並んでいるみたいですね」

「そうなんです。実際に、飲食店向けの什器ですから」

おしゃれだ。単なる薬の箱が、ケースと並べ方を変えただけでおしゃれに見え、興味がわく。

言われてみれば、薬局で薬を棚に並べられても、私たちには違いがわからないから薬剤師に相談する。だったら、相談することを前提にしてしまえば、こうやって最低限の品を目をひく感じで並べ、あとは必要な薬は薬剤師の彼が後ろの棚から出せばいいということなのだろう。まるで高級デパートのような売り方だ。

トイレを借りた。手洗いの脇にはアメニティが並んでいる。化粧を直すにも使える用具が所狭しと並んでいる。ほとんどがサンプル品のようで、同じものを薬局でも買えると案内されている。なんと、トイレットペーパーについても商品の説明が書かれていた。

けっして安くはない。しかし、その一筆が購買意欲をかきたてられた。

会員制度をつくり、ファンを育てる

壁にはイベントのスケジュールが掲げられていた。漢方、妊活、ヨガ、体操、食事、運動などといった言葉が並んでいて、それぞれ参加者を募っているようだ。

「このイベントは、誰がどこでやるの？」

「私や、知人にヨガのインストラクターがいるので、カフェの定休日にあのスペースを使ってやるんですよ。まぁ、40歳前後の女性が多いですが、男性も歓迎です。無料会員になっていただければ、半額で参加できますから」

薬局で会員制とはおもしろい。ターゲットに向けた店づくりはここまでやるのか。

「会員になると、どういう特典があるの？」

彼が言うには、イベントの割引や案内はもちろんだが、定期的にメールマガジンで健康情報が送られてきたり、交流会の開催や、誕生日プレゼントやサンプル品の提供、オンラインサロンというネット上で常時開設している会員同士の交流の場もある。さらには予約すれば30分間、薬剤師が無料で健康相談にも応じてくれるという。

「会員制度は、他の業界では当たり前のことを真似しているだけなんです。そうやっていくことで、この店のファンになってくれると嬉しいなぁと思ってるんです」

この村松さんの考えに共感して、会員になってみることにした。無料だというし、近所付き合いという意味もある。

入会案内の説明書に載っているQRコードを読み取ると、申込フォームにつながった。基本的な情報に加えて、趣味や特技、さらには「あなたが大切にしていることは?」といった項目もある。おもしろい。

趣味に「ドライブ」と書き、大切にしていることに「家族との時間」と書いてみた。

それを見た村松さんが私に語りかけてくる。

「休日は奥様とのドライブって感じですか?　いいですね」

彼はぶつぶつ言いながら、後ろにある棚からいくつかの用紙を選び始めた。しばらくして、彼はこちらを向き、数枚の紙を手にした。

「こんな新聞をつくっているので、よかったらお持ちください」

どうやら、彼がこれまでに手作りしてきた新聞のようで、毎号テーマがあるようだ。

渡された新聞は4枚。それぞれのテーマは、「目の疲れ」「腰痛」「肩こり」、そして「頻尿」とある。

「頻尿？」

思わず笑ってしまった。どうやら、ドライブから連想される症状に関する情報のようだ。

「これは、何種類あるの？」

「まだ50ぐらいなんです。少しずつ増やしているんですけど。メールマガジンを送るたびに一つずつ増やすことにしているんで、楽しみにしていてくださいね」

そうか、今、会員登録したので、これが時々送られてくるのだな。楽しみだ。

「目の疲れ」がテーマの新聞で紹介されていた点眼薬と、トイレに説明書きがあったトイレットペーパーを買い、今日はそろそろ失礼することにした。

会計をしながら、この薬局は、妻に紹介しなければと思った。

こんな気持ちになったということは、すでにファンになってしまったということだ。自分の行動にも苦笑いをしてしまう。しかし、嫌な気持ちはまったくない。

そういえば、祭りの片づけの途中だった。さぁ、あと少し、がんばらねば。急いで、町内会の集まりに戻った。

《まとめ》

□ターゲットを明確にする　プロファイルを徹底的に細かくし、その人の好みや趣向に合わせることで、ターゲットの方にとって快適な場になることを目指す。

□常識を打ち破り、ターゲットに最高の空間を　隣の薬局と明らかに違う店づくりを行う。他業界を参考に、従来の薬局づくりの当たり前を見直す。

□会員制度をつくり、ファンを育てる　客を増やすのではなく、ファンを増やす。そのためにできる施策を次々に打ち出していく。

❸ 初めて入る薬局の敷居は低く

ファンになると知人に話したくなる

今日は疲れた。お昼過ぎまで町内会の手伝いをして身体を使ったのちに、仕事の打ち合わせのために出かけなければならなかった。

いつもなら夕食の終わる時間に、ようやく帰宅した。

妻は、ワインを飲みながら、軽く乾きものをつまんでいるようだ。メインの食事は待っていてくれた。こういう心遣いに感謝である。

私がラフな服装に着替え、リビングに戻る頃には、手作りの惣菜が3品ほど温められ、食卓をにぎやかにしている。私も赤ワインをグラスに注いだ。

「今日ね、行ってみたわよ」

突然、妻が言い出した。

「ほら、昨晩、新しくできたカフェに薬局があるって言ってたでしょ。あなたも行ったんですってね」

なんと、私が行ったことまでバレている。

「なんで知ってるの？」

薬局の村松さん夫妻には、妻を紹介していない。昨晩、妻にカフェ併設の薬局ができ、そのオーナーの村松さんと出会ったことを簡単に伝えただけだ。

「薬局で、会員登録したでしょ？　私も乗せられて、会員登録したの。そうしたら、ご主人はドライブが好きですか？　って聞かれて。鈴木という姓で、住所が同じ人がお昼に来たって」

その笑顔と口調からすると、どうやら妻も村松さんのカフェ&薬局のファンになったようだ。

初来店の動機をつくり、入店を後押しする

私はカフェの側から薬局に入ったが、裏手には薬局の入口があるという。

薬局に限らないが、入ったことのない店には入りづらい。そこには、何かしらの動機づけが必要であり、入店を後押ししてくれる何かがほしい。

妻が言うには、村松さんの薬局には、とても入りやすい工夫がいくつか見られたと

いう。

ウィンドウには外へ向けておしゃれに薬が置かれ、入口にはつい手に取りたくなる商品が並べられて、まるでおしゃれな雑貨屋のようだった。さらに、無料相談会の案内や、スタッフのプロフィールが外に向けて掲示されていて、店やスタッフの雰囲気が店頭でわかるようになっていたという。

確かに、レストランでは入口に大きくメニューが貼り出されたり、雑貨屋では外に向けて商品が並べられたりしていて、店内で何が買えるかなどがわかるようになっている。

まだ店に入ったことのない人の目線になり、どういう印象や想像をしているのかを考えれば、おのずとやるべきことが見えてくるということだろう。さりげない見せ方が入店する気持ちを盛り上げてくれるのだろう。

「薬局っていうと、病院のあとに薬をもらいに行く場所っていうイメージがあったけど、処方箋がなくても、気軽に入ってよいという空気感があったのよね」

レストランにせよ、雑貨屋にせよ、入る理由をつくらねばならない業態では初来店動機をつくることに力を入れるが、薬局は処方箋という強みがあるので、初来店の動機づけにあまり力を入れていないように思う。

だからこそ、今、薬局が少しその視点を持つだけで、街の健康拠点としての役割を十分に担える立場になれるのだ。

コラボ企画により初来店動機をつくる

「店先にも、薬局の中にも、イベントの掲示があったでしょう？　あれって楽しそうよね」

妻は社交的なので、そんな場が近所にできただけでも嬉しいのだろう。

「聞いた？　ヨガのインストラクターの方って、薬局のお客さんらしいわよ。スカウトしたのね！」

「知り合いって言ってたけど、客なの？」

「あなたも申込フォームを書いたでしょう？　あそこにヨガって書いた方がいて、インストラクターだって聞いて、お願いしてみたらしいわよ」

なるほど。お客さんの情報を聞いて、そこから一緒にやれそうな方を探しているのか。そういえば、昨日、初めて村松さんに会った際に、彼は近所の他の業界の店とコラボ企画を多くやりたいと語っていた。このような企画は、まさに呼び水になる。

薬局は、処方箋があるから行く場所ではなく、楽しいイベントがあるから、自分の健康の相談をしたいから、気になる医薬品や食品があるから行く場所であってほしい。それを広く知ってもらうには、自店だけでいくらがんばっても限界がある。

そこで、コラボをすることで、単にイベントに参加した人だけではなく、コラボ先のお店に通っているお客さんにも自店を知ってもらうことにつながる。したがってコラボ企画にはある意味、広告宣伝としての役割もあるのだ。

名刺を渡して覚えてもらう

「村松さんって、あなたと同郷じゃないの？」

「ん？　どうして？」

「だって、いただいた名刺に、あなたの故郷の近くの大学を卒業したって書かれていたわよ」

えっ？　昨日、名刺をもらっていたが、裏面まで見ずに鞄に入れてしまったので、気がつかなかった。名刺入れから彼の名刺を取り出した。

名刺というのは、たったこれだけのスペースなのに、人の個性がたくさん見て取れる。裏面にはプロフィールが小さな字で書かれていた。本当だ。次回会った際に、話題にしてみよう。

ふと思う。妻もこの名刺を持っているということは、お客さんに名刺を渡しているということだ。

「名刺は、村松さんから渡されたの？」

「うん。初来店かと聞かれたので、そうだって答えたら、すぐに名刺をくれたわ。薬剤師ですので、健康に関することはお気軽に何でも聞いてくださいって」

嬉しそうな表情で妻は話す。

「他店で受け取った薬のことでも聞いていいって言うのよ。さすがにそれはできないわよねぇ」

いや、彼なら、そこまでやりそうだ。

「まぁ、他の商品を買ってあげたり、カフェを使ったりすればいいんじゃないのかな」

「あっ、そうかもね。こうやって、自分ができることや、『責任を持つ』としっかり言ってくれる方が身近にいるって、とっても安心できるわよね」

そういえば、今まで私は多くの薬局で薬剤師から服薬指導を受けているが、名刺を受け取ったことがない。なぜだろう。気にならなかったが、よくよく考えれば不思議な話だ。

名刺1枚を渡されるだけで、その薬剤師をしっかりと覚えることになるし、このようにプロフィールなども書かれていると、親近感も生まれてくるものだ。

アクセスしやすい環境を準備する

名刺を改めてしっかりと見る。QRコードが付いていた。薬の相談や無料相談の予約ができるようになっているらしい。さっそく、スマートフォンでQRコードを読み込んでみた。

営業時間や担当者の紹介などに合わせて、無料相談予約のフォームが表示された。相談は、実際に薬局に行ってもいいが、インターネットを介してオンラインでも対応してくれるようだ。体調が悪くて外出が難しかったり、子どもがいて電話できない環境の時にはとても便利そうだ。無料相談は30分限定らしいが、薬に限らず、健康に関することは広く相談できるとある。もちろん、診断や治療はできないが、気楽に薬剤師と関われるきっかけになる。

今の時代、薬局との関わり方は、店に行くことだけではない。こうやってインターネットを介してアクセスしやすい環境を準備するのも、これからの薬局には必須になってくるだろう。

妻はワインがさらに進んでいる。私も食事を終え、ワインを継ぎ足した。新しい店の話題は、夫婦の会話も豊かにしてくれた。

《まとめ》

□ファンになると知人に話したくなる　ファンは宣伝費がかからない広告塔。人の縁を大切に。

□初来店の動機をつくり、入店を後押しする　初めて入ろうとする客の不安を軽減し、安心感と期待を持たせるかかわりを。

□コラボ企画により初来店動機をつくる　まだ来店していない人にとっては、この店に行く理由を明確に意識させる。ぶらっと入るのは期待できない。

□名刺を渡して覚えてもらう　責任の表れにもなる。客は店舗よりもスタッフに対して、ファンになる。

□アクセスしやすい環境を準備する　これからの時代はウェブの活用なども必須。対面だけではなくファンをつくる工夫を。

❹ 店づくりには経営理念とコンセプトを明示する

経営理念をコンセプトに置き換える

天気のよい週末。珍しく時間をつくれる一日だ。妻も休暇で時間があるという。そこで、2人で村松さんの薬局に併設しているカフェで、ランチをすることにした。私たちはそれぞれ2回目の訪問になるが、夫婦で揃っていくのは初めてとなる。

カフェのメニューを見る。表紙に「美と健康を追求した食事を」とある。

そういえば、以前もらった名刺には、経営理念として「美と健康を通して人生を豊かにする」とメッセージが書かれていたように記憶している。

経営理念は、一般的には会社の目指す姿を示すものであり、そのために組織の軸足をどこに置くかを表すものだ。だから、ここでは薬局でもカフェでもそれらが共通しているのだろう。

しかし、客に対して経営理念をそのまま述べても簡単には理解してもらえない。そこで、「こういうお店です」とわかりやすく説明できるものがコンセプトといえる。

他にも、経営方針、ビジョン、経営目標、戦略、行動指針、クレドなど、経営の基本となる言葉はいくつかある。適時適切に使い分けることが必要なのだろう。

さて、コンセプトを目にした妻は、メニューにある料理の写真や説明を見て、上機嫌で、食事を選んでいる。

「カロリーだけじゃなくて、素材へのこだわり、成分や、お勧めの食べる順番まで書かれていて、本当に美と健康に良さそうね」

今日のカフェにはアルバイトらしいスタッフがいる。目が合うとすぐに注文を取りにきた。私ではなく妻に対して顔を向けているところからしても、この店が私よりも妻をターゲットにしていることがわかる。

妻もそれを理解し、意識しているのだろう。少し突っ込んだ話をしている。栄養吸収のよい料理法であることや、栄養成分のバランスのよさなどを、的確に説明している。

スタッフが離れていく様子を横目で見ながら、私にささやいた。

「スタッフもしっかり勉強しているみたいね。すごいわ」

コンセプトは顧客に明示する

カフェは少し混みあっており、料理がくるまでには時間がかかりそうだ。その間に薬局のほうに顔を出し、村松さんに挨拶することにした。

「こんにちは」

彼も私たちにすぐに気づき、作業していた手を止め、顔を向けて笑顔で挨拶をしてくれる。その眼差しが嬉しい。

彼がいるのはカウンターの向こうだ。そこにはパソコンがあり、何かのデータの入力作業をしていたようだ。

そのカウンターには、フロアー側に向かって大きな文字が提示されている。

『私たちは、美と健康の伴走者を目指します』

思わず、その文字を指さし、カフェと似ているコンセプトであることを村松さんに聞いてみる。

「コンセプトをお客さんにしっかりと示すのは、お互いに大切なことだと思うんですよ。そうすれば、だんだんとコンセプトに合ったお客さんが集まることになるし、こちらもやりやすくなりますから」

「なるほど」

「だって、他の業界だってそうしていますよね。早くて安いという飲食店や、商品知識が豊富という家電量販店、結果にコミットするというスポーツジム……」

コンセプトを明示してくれることで、客もこの店に何を求めてよいかがわかってくる。

この薬局の場合、「美と健康の伴走者」だということは、きっと人生を一緒に歩んでくれるという思いがあるのだろう。先日、妻は、他店が調剤した薬のことまで相談するのは無理だと言っていたが、このコンセプトがあるのだから、彼の言葉に嘘はなく、相談できそうだ。

そういえば、これまで他の薬局では、店のコンセプトなどを聞いたことがない。薬を正確に提供するとか、少しでも早く調剤するなどは、当たり前の話であってコンセプトで謳われても興味がわかない。

それよりも、経営者が描いている社会の姿、すなわち経営理念があり、それを薬局というスタイルに落とし込んだ際に、他の店と違って、どういう特徴があり、客は何が得られるかを表現されているのがコンセプトである。

今できていることを言葉にするのではない。客と一緒に創り上げていく未来の姿を言葉にしたのが本来のコンセプトなのだ。

スタッフにもコンセプトを周知し、学ばせる

「カフェのスタッフが、すごく勉強しているみたいで驚きましたよ」

妻が言うことに共感できたことを、村松さんに伝えてみた。

「ありがとうございます。当然、スタッフは、私たちの経営理念に共感したうえで働いてもらっていますし、コンセプトについては日々のミーティングでも話し合っているから、自然に勉強してくれているみたいなんですよね」

カフェといえば、食事や接客の勉強をすればいいのかと思っていた。それよりも、コンセプトに関わることに興味を持ってくれることが優先されるという。

「薬局のスタッフも、美や健康について学んでいる人ばかりですよ。薬剤師であるかどうかよりも、コンセプトに興味があるかどうかのほうが大切なんです。だって、私たちが組織として成長できるかどうかがそこにかかってますから」

調剤室に若いスタッフがいる。きっと、彼女に聞こえるように、と考えたのだろう。少し声を大きくして私に言う。

その声に反応するかのように、調剤室から出てきた。

「なぁ」

村松さんが彼女に念押しをした。

30歳ぐらいだろうか。髪の毛を一つにまとめ、化粧はさほど濃くなく、知性を感じる姿は医療者そのものだ。薬剤師と書かれたネームプレートには、伊藤と名前があった。

「そうなんですよ。いろいろな求人情報を見ましたけど、美と健康に興味がある薬剤師を募集しているなんて、ここだけで。すぐに決めちゃったんです。でも、大学の薬学部で習っていないことばかり、要求されちゃうんですけどね」

真面目そうな姿からは想像できないほど、満面の笑みで私に言う。けっして不満を言っているのではなく、まだまだ成長していくという宣言のようだ。

「求人の段階から、経営理念とコンセプトを明示しておくことで、本当に必要な人とマッチングできるんですよね。うちみたいな小さな薬局は、逆にそれをできることが強みかもしれませんね」

村松さんが付け加えたセリフには、彼女への期待と信頼が感じられる。

人手不足だからといって、広く集めようと勤務条件や待遇などを告知しても、それでは他店との差はわからない。求人する際にも必要な考え方なのだ。

ターゲット客は徹底的にもてなす

カフェに戻ると、まもなく食事が運ばれてきた。

薬膳の考え方を取り入れた食事なので、食べている途中で身体の芯から温かく感じるようになった。そして、胃にも優しさを感じる。食材や味付けというだけではなく、メニューに書かれていたコンセプトや、食材の説明などから得た情報が、きっと効果を高めているのだと思う。

ゆっくりと時間をかけて食した。カフェは客が減り、落ち着いてきた。私たちは満足である。価格は安くない。しかし、それを上回る感動がある。

カフェがおいしい食事をつくるのは最低ラインである。さらに、いかに心を豊かにさせてくれるかが大切である。

それは薬局でも同じことが言えそうだ。薬を確実に渡し、その説明をするのは最低限である。さらに何を感動させてくれるのだろうか。

食後、薬局から村松さんが挨拶に来てくれた。

こういうひと手間がとても嬉しい。さらに、会計後にはカフェのスタッフが出口まで見送ってくれ、さらに深々と頭を下げてお礼を言われた。私たちの少し前に帰った客には、ここまではしていなかった。

きっと、妻はこの店にとってはターゲットなのだろう。この特別扱いされた感じが、むずがゆくもあるが、悪い気持ちはしない。徹底的にもてなされている感覚がある。

もちろん、忙しい時にはこんな対応が無理なのは誰にでもわかる。しかし、今ぐらい落ち着いているときには、こうやって接客することは重要だろう。また、この店に来たいと思わされるのだから。

《まとめ》

□経営理念をコンセプトに置き換える　経営者がつくりたい未来の社会の姿を短文で示す。この薬局の軸になるもの。

□コンセプトは顧客に明示する　ファンとなった顧客が店を知人に紹介する際、そのまま使えるフレーズで。

□スタッフにもコンセプトを周知し、学ばせる　コンセプトに基づく言動が必要。当然、他店とは異なるオリジナルの職務。

□ターゲット客は徹底的にもてなす　顧客はキチンと正当に差をつけて対応する。それをスタッフ間で共有しておく。

❺ また行きたくなる薬局の特徴

相談したいときに思い出してもらう薬局に

もう日は暮れかかっている。病院を出て、駅までのバスに乗る。

「いやぁ、まいった！」

座るなり、つい口に出た。

健康診断で「要検査」と言われ、先日この病院で精密検査を受け、今日は結果を聞きに来た。医師は神妙な顔で、がんの可能性が高いことや、今後さらに検査を進めたいこと、さらには、がんならば手術を勧めることなどの説明があった。

診察室に入るまではまったく予想もしていなかった。ショックという感じではない。自分のことではなく、誰か別の人の話を聞いているみたいだった。

会社や家族にどう説明するかが、今の目先の困りごとだ。

帰り道。あの薬局の前を通りかかり、ふと村松さんの顔が目に浮かんだ。閉店後で扉は閉められているが、灯りは点いている。申し訳ないと思いつつも、ドアをノックしてみた。村松さんはまだ事務作業をしていたとみえ、中から扉を開けてくれる。

「どうかされましたか？」

「いやぁ、まいった！」

整理のつかない気持ちを彼に吐き出した。自分の言葉に脈絡がないのはわかっている。頭に思い浮かぶ言葉を次から次へと口にするだけだ。それを、彼はうんうんと頷いて聞いてくれる。

ひととおり言い終えると、彼は言う。

「この先どうするか、一緒に考えてみましょう」

彼は、大きめの紙とペンを出し、私が口にしていた単語を書き出した。思いを文字にすると、だんだんと気持ちが落ち着いてくるとともに、今しなくてはならないこと、そして、将来にわたって考えなければならないことが整理されてくる。

30分も付き合ってくれただろうか、もう外は真っ暗になっている。

私は、心の底からお礼を言い、薬局をあとにした。

そして、村松さんが書いてくれた、その紙を手にして、帰宅する。

妻は食事をせずに私の帰宅を待っていてくれた。

村松さんが書いてくれた紙を妻に見せながら、医師に言われたことを説明した。さきほど村松さんに話したことを繰り返しているようだが、一度話しているので、さきほどよりも簡潔明瞭になっていると感じた。

「やっぱりね」

話を聞いた妻は、冷静に私の状況を予想していたように言葉を発する。

「なんでそう思ったの？」

私が尋ねると妻は言う。

「お父さんのときと同じ。でもね、こうやって文字で整理されているからとてもわかりやすいわ」

「誰かに相談したい、聞いてほしいなと思ったときに、あの顔が浮かんだんだよね」

「わかるわ」

薬局は、誰かに相談したいと思ったときに思い出してもらえる場所であるべきだ。それが近所にあるのがとてもありがたい。

健康な生活観に即した話題にする

「ドライブ旅行って、何これ？」

村松さんが書いてくれた紙を見て、妻が言う。

「あ、これね。村松さんが、のぶさんってドライブ好きでしたよね、って聞くからさ。車で旅行するのが趣味なんだって話をしたんだ。そうしたら病気を治すことも大切だけど、趣味を続けることも大切ですよねって、言うんだよ」

「趣味や生活のことまで一緒に考えてくれるってとても嬉しいわね」

本当にそう思う。昨日までの私は、ロクに病気や健康のことなんて考えたことがない健康な身体だった。それが、医師にがんの疑いを言われただけで、まるでもう明日がない病人のような気持ちになっていた。

そうだ、そもそもの人生があるはずだ。そこに病気という要素が加わっただけだ。

村松さんが書いてくれたこの紙のおかげで、私は、今の状況を前向きに捉えることができる。

「医療者と自分の健康な生活観を話せるって、いいな」

医療者として幅広い情報を提供する

数日後。

村松さんからメールが入った。

私が病院に行くことを伝えていたので、その結果について聞かれた。がんが確定し、来週には手術に臨むことになったことを返信しておく。

数時間後、再度メールが届いた。

そこには、入院前に見ておくべき情報が掲載されているウェブサイトがいくつか紹介されていた。

がんについて、わかりやすいページを選んでくれたようだ。他にも、入院中のノウハウが書かれたページや、同じがん患者が書いているブログなどもある。驚いたのは、治療しながらも旅行やドライブを楽しむ動画サイトまである。

数日前から患者の立場になったばかりの私には、自分の病気を受け入れる気持ちの余裕はない。まだ拒否している、あるいは何かの間違いだと願っている。実際、この間、差し迫っていた仕事の整理などでも精いっぱいだったし、自分の親への説明も満足にできていない。

しかし、村松さんからもらった情報を見ていて、自分が浮き足立っていることや、目先の「がんは嫌だ」という逃げる気持ちが強かったことに気づかされる。

冷静になって今の身体を見つめよう。そして、自分の人生を楽しく過ごそう。病気になったとしても、根っからの病人になる必要はない。人生を楽しめる病人になれそうな気がする。

メールの最後はこう締めくくられていた。

「一緒にがんばりましょう」

どうしてだろうか。涙が自然にあふれてきた。

プライバシーへの配慮

翌日、午前の仕事をやりくりして時間をつくれたので、村松さんにメールのお礼を言いに薬局へ行く。

薬局の扉を開けると、薬剤師の伊藤さんが先客に服薬指導をしている。調剤室から村松さんが顔を出した。

「昨日はメールをありがとうございました」

「まぁ、こちらへどうぞ」

併設しているカフェの一角、それも一番奥のほうへ通された。時間があるかと聞かれたので、ある程度の時刻まで大丈夫なのだと伝えると、彼はカフェを担当している真弓さんにコーヒーを二つ注文した。

声を潜めながら、私と話してくれる。

たぶん、さりげなくプライバシーに配慮してくれているのだろう。先客には普通にカウンターで服薬指導をしていたところを見ると、混み入った話になりそうな場合はこちらのカフェを利用するようだ。ここなら、周りに話が聞こえることもない。だからこそ本音の話ができる。

昨日、涙を流したことや、妻の前ではつい見栄を張って強がってしまうことまで、気楽に話ができた。私の話を、相槌を打ちながら、しっかりと聞いてくれることが本当に嬉しい。

こういうときに必要なのはアドバイスではない。寄り添って話を聞いてくれるという姿勢なのだと思う。

話をしていて気づく。

時々合いの手を入れてくるが、そのたびに「のぶさんは…」という感じで私の名前を呼びかけてくれる。その一言がなんとも安心感をくれた。

この薬局をみんなに自慢したい。

また行きたくなる店というのは、そういうものだ。

そして、友人、知人に、得意げに紹介したくなるのだ。

村松さんに自分の状況を聞いてもらいながら、そんなことが脳裏をかすめる。

《まとめ》

□相談したいときに思い出してもらう薬局に　体調不良時に医院、医師ではなく、あなたの薬局、薬剤師の顔を思い浮かべてもらえること。

□健康な生活感に即した話題にする　患者の期待は、治癒の先にある健康な生活の確保。よって、服薬指導の中に生活の話題を。

□医療者として幅広い情報を提供する　健康な生活は一人ひとり異なり、情報は多岐にわたる。その場で答えられなくても、後で電話、メールによる対応でも可。

□プライバシーへの配慮　守るのは情報ではなく、患者の尊厳。それは時と場合によって異なるので、必要となるプライバシーのレベルは柔軟に。

❻ 薬剤師と共に要望書を作成し、主治医に見せる

「健康な生活」観を可視化する

温かいコーヒーを飲みながら、薬剤師の村松さんに今の自分の気持ちを吐き出している。

数分後、村松さんが私の言葉を遮って、薬局の奥へ消えた。

戻ってきた彼の手には、また紙とペンが握られている。

以前、がんの可能性を告知された日にもこうやって、私が吐き出した内容を紙にわかりやすく整理してくれた。そのおかげで、冷静になれたことを覚えている。

「今日は、のぶさんの〝健康観〟をまとめていきましょう」

彼はそんなことを言い、紙に書き出した。

「今、心配していることは？」

「大切にしたいことは？」

「親族と、その中で、特に信頼している方は？」

「やり遂げたいことはありますか？」

「何をしているときが楽しいですか？」

「自分が健康だなぁ、と思う瞬間は？」

がんについての話はさほど出てこない。一方で、日頃あまり考えないようなことを彼が聞いてくる。

話していると、自分の中で今の自分が何を不安に思い、そして何をしたいと考えているのかがだんだん見えてきた。ある程度、時間が過ぎ、私の答えなども出し尽くした感じがする。まるで面接をされたようだった。

村松さんは少し席を外すと言い残し、また奥へと消えた。

冷めたコーヒーを口にする。ずっとおしゃべりしていたので、口が乾いている。

しばらくして戻ってきた村松さんは、さっきと別の紙を持っていた。

「のぶさんの健康な生活観を文字にすると、こんな感じでしょうか？」

そこには、私が質問に答えた内容から、キーワードが整然と書かれており、さらに、その紙の下のほうには「治療に際し期待していること」という欄にも、いくつかの文言が箇条書きになって明記されている。

一緒につくる「健康な生活に関する連絡書」

紙に書かれたタイトルは、「健康な生活に関する連絡書」。

全体のフォームは村松さんのオリジナルのようだ。

「これは差し上げます。あとでメールでも送ります。自由に修正してかまいません。そして、これを主治医に渡してください。渡しにくかったら、薬剤師に指示されたと言ってくれていいですよ」

主治医に、自分の考えている健康な生活観を連絡する!?

正直、驚いた。このようなことはまったく期待していないし、発想もなかった。

聞けば、「健康な生活」とは、薬剤師法や医師法という法律の第一条に書かれている言葉だそうだ。

つまり、薬剤師も医師も、目指しているのは患者一人ひとりの健康な生活を確保することだという。

しかし、今は、医療者が患者の思っている健康な生活を捉える方法がなく、すぐにエビデンスというマニュアルに沿った対応になりがちだそうだ。

だから、こうやって一緒になって、患者の考える〝健康な生活〟を文字にして、それを関係する医療者全員と共有する。それによって施される医療は満足度が高くなるという。

「お客さんの生活背景を知っているのは薬局の薬剤師ですから、その方がどう医師に関わればいいかをお伝えするのも、私たちの大切な役目の一つです。だから、これからも遠慮なくおっしゃってくださいね」

彼は優しく言ってくれる。

帰り際にコーヒー代を払おうとすると固辞された。

そして、笑いながら言う。

「その代わりに、処方箋が出たら、持ってきてくださいね～。高いツケですよ」

もちろんだ。他に持っていくはずがない。

診察室でスムーズになるきっかけに

今日は、手術や入院に関する説明を受けるために、妻と一緒に病院に来た。鞄には、先日薬局で村松さんと一緒につくった『健康な生活に関する連絡書』が入っている。妻には事前に見せてある。彼は、主治医に渡せと言っていたけど、渡せる自信がない。

医師からはひととおり説明を受けた。以前、村松さんから紹介された同じ病気の方のブログなどを見ており、だいたいそれと同じで、予想していた内容だった。医師は、説明の際にメモ書きをしてくれてわかりやすい。さらに、そのメモを渡してくれた。最後に聞きたいことはあるかと言われた。妻が私を急かせる。アレを出せということだろう。

恐る恐る鞄から出した。

「あの〜、じつは、懇意にしている薬局の方が、こんなのをつくってくれまして…」

主治医の谷さんは身体を乗り出してきた。

その紙をひととおり読み始めた。

「うん、うん。はい、はい。うん。はい。…わかりました」

私のほうに顔を向けて、微笑みながら言う。

「わかりやすいですね。私たちも、精いっぱいがんばって、またご家族で楽しく旅行ができるようにサポートさせていただきます」

よかった。思いのほか、すんなりと受け入れてくれた。

こうやって文字にすることは、診察室での医師と患者のやり取りをスムーズにする効果があるのではないだろうか。こんなことなら、診察の最初に出せばよかった！

薬剤師の支援が患者の気持ちを冷静にさせる

いよいよ入院日となった。キャリーバッグに数日分の着替えや入院前に指示された持参品を詰め込み、不安の中、朝から病院に行く。

病院の受付には、同じようなバッグを持った人が幾人かいる。みな、私と同じように入院するのだろう。私と同じ病気の人はいるのだろうか、こんなに不安がっている人はいるのだろうか。

人生で初めての経験だ。

スマートフォンがメールの着信を告げる。

薬局の村松さんからだった。私の今の気持ちを見透かされているような気になる。SNSで入院生活をアップするか、入院の様子をメールしてくれと書かれている。要は、入院の様子を知りたいということなのだろう。

こうやって、気にかけてくれていることがとても嬉しい。

病棟に案内された。

6人部屋だ。カーテンで仕切られていて、どんな人が入院しているのかわからないが、すでに5人は入院しており、廊下に一番近いベッドが割り当てられる。

バッグから荷物を出して、床頭台にいくつかの物を並べていると、看護師がやって来た。

じつは、村松さんからは、看護師が来たら告げることなどを事前に言われていた。まったくストーリーどおりであり、心の中で笑ってしまう。

その後も、病院で働く薬剤師や、麻酔科だという医師も来る。夕刻になって、主治医の谷さんが来た。いわゆる回診というやつなのだろう。

すべてが私にとっては初めてのことだ。しかし、事前に村松さんから様子を聞いていただけに安心感がある。病気のことだけではなく、入院生活の様子なども聞いており、それらが私の気持ちを冷静にさせてくれた。

夜の9時。これも聞いていたとおり、消灯の時間だ。ふだんは、ようやく仕事が終わり、これからお酒を飲みながら食事をする時刻だ。初めての環境だし、当然、寝つけるわけがない。

「消灯が早いと思うけど、寝られるわけないし、無理して寝つく必要はありませんよ」

村松さんが笑いながら言っていたことを思い出した。

横になり目を閉じるが、思い浮かぶのはマイナスなことばかり。不安がつのる。みんな、そんなものなのだろうか。

《まとめ》

□「健康な生活」観を可視化する　話せても文字にできない人が多い。しかし、可視化してこそ、情報共有や長期的関わりができる。

□一緒につくる「健康な生活に関する連絡書」　内容は都度で変わることが前提。ゴールはないので、適時、内容を確認する。

□診察室でスムーズになるきっかけに　薬剤師の関わりが、主治医と患者の関係性を円滑にする可能性がある。それが薬剤師と医師の関係性にも寄与する。

□薬剤師の支援が患者の気持ちを冷静にさせる　患者の意識が受容の段階になるには時間も支援も必要。（エリザベス・キューブラー・ロス著『死ぬ瞬間』を参照）

❼ 生活支援のための「お薬手帳」活用術

第一歩は残薬数を書かせること

退院後、２週間ほどが過ぎた。

今日は外来の日だ。手術を終えてから薬が欠かせない身体になった。

診察室で主治医の谷さんがつくってくれた処方箋は、全国どこの保険薬局に持参してもいいはずだ。この病院の前にも何軒かの薬局が並んでいるが、見た目では他の薬局との違いはわからず、入る気がしない。当然、処方箋を持っていく薬局は村松さんのところだ。

彼のところに初めて処方箋を持っていった。

薬とともに、お薬手帳を渡された。自分のお薬手帳を初めて見る。

村松さんはこう言った。

「次回、病院にいく日の朝。家に残っている薬の数をお薬手帳に書き込んでください」

えっ？　自分で書くのか？

「そして、それを主治医に見せて、処方箋の数を調整してもらってくださいね。のぶさんは主治医と話しやすい関係になっているので、少しぐらい飲み残しがあっても怒られることはないと思いますよ」

村松さんは楽しそうに話す。

私は、お薬手帳のそういう使い方を知らなかった。しかし、村松さんがお薬手帳をめくって指をさした場所には、「薬剤師への質問や疑問があれば書いてください」と印字されていた。

私の母もいくつかの病気があり、お薬手帳を持っているが、処方されている薬の情報が貼られているだけだ。残っている薬の数を数えたことなんてないだろう。ましてやそれを医師に言うなんて。

「お薬手帳は、本来は自分で書くものなんです」

村松さんは少し強い口調で私に言う。

病名を知らないことを患者は知らない

2～3日前から熱が出た。

どうやら、がんは関係なく、何かの感染症だろう。あまりに辛いので、近所のクリニックに行き、いくつか検査を受けた。医師から溶連菌感染症だと診断され、5日分の抗生剤が処方された。

その処方箋を持って村松さんの薬局に行く。もちろん、お薬手帳も持っている。

服薬指導の際に、薬剤師の村松さんは言った。

「身体が辛くて大変だと思いますが、医師に言われた病名をお薬手帳に書いておいてくださいね」

どういうことだろうか？

「私たち薬剤師は、何の病気なのかわからないんです」

驚いた！

まさか、ふだんから病名を知らないで調剤しているとは。多くの人は、その事実を知らないと思う。

「たぶん、今は熱もあり、辛いでしょうから、大切なことは赤文字と付箋で示しておきますね」

こういう些細な気遣いがありがたい。

そして、1枚の新聞が渡された。確か、会員になったときにもこのような新聞をもらった。この薬局のオリジナルの情報紙で、会員には定期的に郵送していると聞いていた。そのバックナンバーのようだ。

この号の特集は、「お薬手帳の本来の使い方」となっている。体調がよくなったらしっかりと読むことにしよう。

お薬手帳の使い方は段階ごとに指導していく

2日ほどすると体調はすっかりよくなった。しかし、念のために仕事は休んだので、少し時間をつくれる。薬局で受け取ったオリジナル新聞をお薬手帳に折りたたんで挟んでいたことを思い出し、広げてみた。

お薬手帳の使い方が5段階で分けて示されている。

①残っている薬の数を書こう
②医師が言っていた病名を書こう
③医師や薬剤師に聞きたいことをメモしておこう
④医師や薬剤師にお薬手帳を見せながら話そう
⑤医師や薬剤師が言っていたことをメモしておこう

自分の身体にしっかりと向き合うために、このお薬手帳は使えるようだ。村松さんの指導を受け、すでに①の「残っている薬の数」を書き込むことはしている。今では主治医が毎回、残っている薬の数を聞いてくるようになった。おかげで診察室でもスムーズだ。

そして、村松さんから先日教えられた②の「医師が言っていた病名を書く」ことが重要だという。まさか、薬剤師が病名を知らなかったとは。

さらに、③にある「医師や薬剤師に聞きたいことをメモしておこう」とはどういうことなのだろう。

オリジナル新聞によれば、診察を待っている時間に、「検査結果」「次回の診察予定」などと、医師に聞きたいことや確認する項目を、お薬手帳に書き出しておくそうだ。それだけで診察室での医師との話がスムーズになるし、聞き忘れもなくなる。

同じことは薬局でもいえるが、薬局では受付時に提出してしまうので、病院の会計を待っている時間に書き出しておく。服薬指導を受ける際に戻されるはずなので、その際にページを広げて確認するとよいとある。

お薬手帳を開いて、見ながら情報を共有する

続いて書かれているのは、④「医師や薬剤師にお薬手帳を見せながら話そう」だ。

診察室で書いたメモは医師に、会計時に書いたメモは薬剤師に、それぞれ見せながら話すと、今日の知りたいことの全体像もわかるし、よりスムーズになる。

確かに、がんの治療における診察室を思い返すと、お薬手帳は私の手元で広げてい

るだけで、見せてはいない。待合室で、思いつきを書くメモなので、きれいとはいえない字だ。次回以降はちょっと見せることを意識して書くことにしよう。

病院と薬局は組織が別であるから情報が共有されていない。言われればわかる話だが、それを今まで意識したことはなかった。当たり前のように、医師に話したことは薬剤師も知っていると思い込んでいたし、逆に薬局で同じ話を聞かれることに面倒くさいとまで思っていた。

これは、多くの人が、同じ感覚を抱いているはずだ。

それを気づかせてくれた村松さんの関わり方に感謝するし、どうしてこれまでの薬局ではそれすら気づかなかったのだろう。言い方を換えれば、気づかせてくれれば、患者としてできる人はたくさんいるだろうに、と思う。

メモすることを習慣化させ、セルフメディケーションの意識を育てる

最後の項目は、⑤「医師や薬剤師が言っていたことをメモしておこう」となっている。

そういえば、村松さんの薬局ではカウンターや待合室などのいたるところにボールペンとメモ用紙が置かれていて、自由に使えるようになっていた。患者の疑問や不安なことを文字に書ける環境を薬局側が用意してくれているのだ。

思いや質問を可視化することはとても大切だ。

メモを取る行為は、仕事や学校では当たり前にやっているし、自宅でも電話の隣に置いてあるではないか。そう考えれば、医師も薬剤師も、私にとって大切な情報をくれるのだから、それをメモすることを習慣にしたい。逆に、どうして今までしていなかったのかがわからない。

昨今「セルフメディケーション」という言葉を耳にする。

この薬局では具体的にどのようなことをしていけばいいのかを薬剤師が段階ごとに説明してくれて、一緒になって成長していける風土をつくっている。それがまさに、セルフメディケーションを実現させるのに必要な環境だ。

《まとめ》

□第一歩は残薬数を書かせること　お薬手帳に自分で書き込むという意識付け。残薬の多・少ではなく、書き込むという動作の継続が目的。

□病名を知らないことを患者は知らない　薬局や薬剤師について、患者は知らないことがたくさんあることが前提。

□お薬手帳の使い方は段階ごとに指導していく　患者の行動変容に過剰な期待はしない。ステップアップを楽しみながら取り組む工夫を。

□お薬手帳を開いて、見ながら、情報を共有する　薬剤師は常に寄り添う姿勢を。叱咤は不要。逆に自分だったらどうしてほしいかの視点で関わる。

□メモすることを習慣化させ、セルフメディケーションの意識を育てる　個々に合った患者教育をできる医療者として薬剤師が最適。

8 患者の健康な生活観を捉える

身体の調子に合わせて

昼を過ぎて、時間を持て余してきた。溶連菌感染症で辛かった数日前がウソのように体調はすっかりよくなっている。そういえば、おなかがすいてきた。妻は仕事に出てしまっているので、昼ご飯は自分独りで食べることになる。

村松さんの薬局に併設されているカフェに行くことにした。

久しぶりに外に出た。平日のランチタイムが過ぎた時間なので、カフェは空いている。食事を終えて、コーヒーを飲んでいると、奥の薬局側から村松さんが顔を出してきた。どうやらカフェを担当している真弓さんが、私が来店していることを連絡してくれたようだ。

「お身体はいかがですか？」

先日の発熱しているときの様子を知っているので、労《いたわ》りの言葉をかけてくれる。

「大変でしたね。でも、食事ができるようになったようで、安心しましたよ」

私の身体の調子に合わせて、言葉を選んで声をかけてくれている。簡単そうで、難しい。他の薬局でこのような声をかけられることはほとんどない。

「あっ、薬を飲まなきゃ」

村松さんの顔を見て、反射的に食後の抗生剤をまだ飲んでいないことに気がついた。なんとも失礼なことだ。薬袋から、PTPシートに入ったカプセル剤を取り出した。

1日3回食後に服用の弊害

「そうだ。ついでに聞いてもいいですか?」

「どうぞ」

「この袋に、1日3回食後に服用って書かれているでしょう。でも、明日、仕事に復帰する予定なんですけど、そうなると食事するタイミングが取れるかどうか…」

「そうですよね。袋にはこう書かれていますが、この薬の場合は、食事ができなくてもお昼頃に服用してくださいね。自動で印字されてしまうので仕方ないんですが、確かにこの言葉はわかりにくいですね」

「ですよね。食後って書かれると、食事を摂れなかったら飲んではいけないような
イメージがありますから」
「そうそう！」
カフェを担当している真弓さんが口をはさんできた。
彼女によると、ランチ後に服用し、数分してから、さらに服用する方がいたそうだ。
不思議に思い、グラスに水を注ぎに行きがてら話を聞いた。
朝食を食べないそのご高齢の方は、薬剤師に「1日3回食後に服用」と言われてお
り、昼食後に2回に分けて服用していると答えたそうだ。確かに、これで1日3回食
後に服用していることになる。
「患者さんの生活スタイルを捉えないで服薬指導する薬剤師が、まだまだいるのよ
ね」
彼女は、薬剤師の村松さんに笑って言う。
「大丈夫！　他の薬局だったわ」
それを聞いた村松さんは、少し強めの口調で言う。

「いや。大丈夫ではないよなぁ。のぶさんだって、今、たまたま会ったから言えたけど、そうでなかったらお昼ご飯を抜いた際には服薬しなかったかもしれない。もっと、きちんと生活スタイルを聞かなきゃいけないってことで、反省点だよなぁ」

患者の生活スタイルを捉え、記録する

真弓さんが、言葉を補足した。

「そうよね。私だってカフェをやっていて、土日のように混むとお昼ご飯なんて食べている暇はないわ。トイレにいくのが精いっぱい。薬を飲むことなんて、忘れて当然よね」

村松さんの薬局では、初めてお邪魔して会員になったときに、いろいろな情報をフォームに入力した記憶がある。そういえば、そこにふだんの食事の時刻や仕事のサイクルなども書き込んだ記憶がある。

「そりゃそうだよね。普通の人にとっては、薬を飲んだり、病気を治したりすることよりも、仕事や家族の世話や家事などのほうが優先されてもおかしくないからなぁ」

村松さんの言葉に、私は思い当たる。

今回、溶連菌感染症になったときも、体調がおかしくても会議があることで出社しようとしていた。つまり、自分の身体よりも仕事を優先しているということだ。

例えば、家族の介護を抱えている人は、自分が抜けることで要介護の方が生きていけなくなる可能性もある。そうすれば、自分の身体よりも介護を優先させるだろう。

村松さんは、こういう生活背景、生活スタイル、そしてその人にとって何を優先させて毎日を送っているかを把握し、捉え、それを大切にして関わるようにしている。

もちろん、それらのことは記録されていて、スタッフとも共有されているようだ。

会員制にすることでデータベースをつくりやすくする

「じつはね、のぶさんには会員カードをつくってもらいましたよね。あれの、生活背景の部分はカフェ部門とデータが共有されているんですよ。だって、カフェでも薬局でも、お客さんの生活を捉えてお話するのは共通していますから」

驚いた。

しかし、言われてみれば、他の多くの業界では顧客名簿があって、そこにはいつも注文するものや特徴などが書かれている。客の特性を捉えるのが薬剤師である必要はない。カフェが併設されていなくても、薬局の事務の方が患者と話し、生活背景をデータに登録するという役割を担ってもよいはずだ。

逆に、商店会のように、他店舗と共同して顧客のデータ管理をしてもよいだろう。今は情報化社会で、スマートフォン決済をすれば、購入品などのデータが自動で吸い上げられ、その後の広告表示などに活かされていることは広く知られている。

個人情報の管理やセキュリティ対策などは十分にしていく必要があるが、これからの薬局は自店だけで運営するのではなく、地域の中で他店舗との連携が求められる時代がくることだろう。

薬剤師の役割は健康な生活の確保

「どうして、村松さんは、お客さんの生活の把握にそんなにこだわるんですか?」

他の薬局で、自分の生活、いや、仕事や家族構成など基本的な情報すら聞かれたことがない。

村松さんの薬局が異質に思え、聞いてみる。

「当たり前のことですよ。薬剤師なんですから」

「ん？」

「以前、入院する前に、一緒に『健康な生活に関する連絡書』をつくりましたよね。患者さんは、病気を治すことが目的で生きているのではなく、一人ひとりが考える健康な生活を過ごすために生きているんです。そのベースとなる生活を捉えないと、患者さんとしっかりと関われないですよ」

そういえば、薬剤師法第一条にそのようなことが書かれていると以前に聞いた。そのための取り組みが生活の把握ということか。

「さらに、健康という言葉もとっても意味が広いので、一人ひとりが考えている健康の定義を捉えないと、話が合わないんですよ。

例えば、のぶさんみたいに活きいきと仕事ができることを健康と考える人もいれば、孫の家に顔を出すことだと言う人もいるし、庭の草花を育てることだと考える人もいる。そもそも、病気がないだけで健康だなんて思う人はまれですから」

確かに、健康とは、単に病気をしていないという意味だけではない。一人ひとりで違って当たり前だ。

薬剤師はそれを確保できるようにサポートする。

言い換えれば、健康な生活を送れるよう支援する役割なのだから、患者、顧客にとっての健康な生活を把握することに力を注ぐのは当然のことなのだ。

「でも、日々とっても忙しいでしょう？」

「そうですね。でも、何を優先させるか、です。客を待たせても、今、目の前の方に薬剤師としてすべきことをやらないといけないんです。そして、それをわかってくれる方だけが私たちのファンになってくれればいいと思っています」

確かに、この店で待たされるのは不快ではない。それも含めて、この店なのだ。

《まとめ》

□身体の調子に合わせて　患者は何かの病気を持った人。その日、その時間によっても調子が異なる場合もある。それを感じることを目指す。

□1日3回食後に服用の弊害　予測つかない行動をとっている患者も多い。思い込みや憶測は厳禁。

□患者の生活スタイルを捉え、記録する　生活スタイルは人それぞれ。スタイルを変えさせるのではなく、今の生活に合わせた投薬を一緒に考える。

□会員制にすることでデータベースをつくりやすくする　捉えた生活スタイルをスタッフ間で共有し、服薬指導に生かしていく。

□薬剤師の役割は健康な生活の確保　薬剤師法第一条。調剤、医薬品の供給、その他薬事衛生は、目的達成のための手段に過ぎない。

9 服薬指導で使うケ・キ・シ・カ

オープン・クエスチョンで誘導する

雨模様の今日、薬局へ来るのが閉店間際になってしまった。

以前、村松さんに言われていたとおり、昨日の通院後に処方箋をメールし、訪問が遅くなることも伝えてあるので、大丈夫だろう。

濡れた傘を閉じ、店内に入ると村松さんは不在のようだ。薬剤師の伊藤さんが声をかけてきた。

「こんにちは。用意してありますよ」

「あ、ありがとうございます。はい、これが処方箋の原本と、そして、お薬手帳」

彼女に渡す。

彼女は手際よく、薬の情報が印字されたシールをお薬手帳に貼りながら、パラパラと前のページなどを見ている。

「今、一番の疑問はなんですか？」

「えっ？」

突然の質問に戸惑う。

「いや。のぶさんは、いつもお薬手帳に疑問や質問を書いてくれていますけど、今日はないのかなぁ、と思って。薬は、毎日、口にするものなのに、不安も何もないってことはないと思うんです。気づかないか、忘れているか…」

そういうものか。う～ん。服薬が日常になった今、何かあっただろうか。頭をフル回転させて、しばらく考えてみる。その間に、会計なども進んでいく。

「そういえば、薬って賞味期限みたいなものはないの？　飲み残しもあって不安に思うことがあるけど」

「確かにわかりにくいですよね。でも、ほら、質問あるじゃないですかぁ！」

いたずらっ子のように微笑んでいる。おもしろい。

「厳密にいえば、使用期限はありますよ」

でも、基本的に次の処方時には飲み切るものなので問題ない、などといった説明をしてくれたあとに、さらに質問された。

「救急箱の薬の使用期限のチェックって、どうしてます？」

一つの質問から話が広がる。ＯＴＣ薬などは箱の脇に書かれているという。しかし、救急箱を見ることが少ないので、チェックしたことはない。妻はどうだろうか。

「防災グッズなんかと一緒にしておいて、防災の日に合わせて、備蓄食品などと合わせてチェックするといいですよ」

「なるほど。来月の防災の日に見てみるよ。いいアイデアだね」

思わず彼女の意見に乗っかった。

「伊藤さんは、話を引き出すのがうまいね」

予想していなかった会話になり、よいアイデアをもらえたことが嬉しかったので、褒めてみる。いや、褒めようとして出た言葉ではない。自然に口から出た言葉だ。

「オープン・クエスチョンって言うんです」

彼女が言うには、あるとかないとか、二者択一のような質問は、答えはイエスかノーの選択になる。回答に選択肢がある質問をクローズド・クエスチョンといい、薬剤師が患者に対する質問は、それではあまり意味がないそうだ。

なぜなら、多くの人は、薬剤師、医師、そして警察官など、よく振る舞いたいと思う相手の前では、本意でなくても相手の好む回答をしてしまう傾向があるそうだ。

そこで、答えが無限にあるオープン・クエスチョンにすることで、本質や意識の深いところを引き出すという。

「例えば、うちでは、お薬の飲み残しはありませんか？　とは聞きませんよね。飲み残しているお薬がどれぐらいありますか？　と聞くんです。これだけの質問で患者さんの本音が見えてきますから」

伊藤さんは笑って言う。

つまり、飲み残しがあっても、薬剤師に聞かれると「ない」と答えてしまう人が多いので、何錠あるか聞けば、答えは無限にあり、患者が考えなければならないようにすると、本音が出るようだ。

ケキシカ理論を常に意識する

「へぇ〜。さりげなく、誘導されているってわけか」

こちらもつい笑ってしまう。

興味深くなった。閉店間際で他の客がいないこともあり、もう少し聞きたくなった。

「いろんなタイプの人がいるでしょう？　患者さんと話すコツってあるの？」

「ありますよ。私たちは、ケキシカ理論って言っているんですけどね。『ケ』は傾聴、『キ』は共感、『シ』は指導、『カ』は確認、これを順番にやって、それをぐるぐる回していくんです」

なんだ、それは？

「さっきも、のぶさんにやりましたよ」

疑問を聞いたオープン・クエスチョンは、傾聴。

確かにわかりにくいですよねぇと、共感。

防災の日に救急箱チェックをするように、指導。

自分の言葉で見てみるよと、確認。

確かにケキシカ理論に乗っかっている。やられた！

傾聴をきちんとやると、毎回違う指導内容が生まれてくるそうだ。

逆に、薬剤師の側から話し始めてしまうと、患者はろくに話を聞かないで、早く終わってくれと思ってしまうものらしい。デパートなどで、どういう商品を探しているかを聞きもせずに、目の前にある商品の特徴を説明されるとうざったく思う。あれに似ている。

もちろん、薬は大切なものなので、理解してもらわなければならないこともある。しかしそれは、この薬局では言葉だけで伝えるのではなく、必ず文字にして渡すそうだ。電化製品を買うと、取扱説明書の大切なところだけを店員がマーカーを引いてくれる店があるが、それに似ている。

伊藤さんは言う。

「薬のやり取りの際に、患者が8割、私が2割しゃべるぐらいがちょうどいいと思うんです。だから、時々、そっとビデオに撮影して、あとで村松さんと一緒にチェックしているんですよ」

そんなことまでするのか。

「まぁ、のぶさんとのやり取りだと、こうやって雑談ばかりで役立ちませんけど」

楽しそうに言われた。こちらまで笑顔になる。

「確認」は患者自身の言葉で意識させる

雑談をしていたら、お客さんが来た。処方箋を持っているので、患者さんと言ったほうがいいのかもしれない。

ケキシカ理論に興味があり、後ろのシートに腰かけ、そっと見守ることにした。

その患者には、薬の保管方法に話が及んだ。夜勤もある仕事で、持っていく薬数を間違えることがあるという話から派生し、だったら、最初から職場で飲む薬と自宅で飲む薬を分けておこうという話になった。

伊藤さんは、袋をもう一枚取り出して、患者に渡した。ペンも差し出して、言う。

「それぞれ袋に、どこに保管するかを書いてくださいね」

言われた初老の男性は、一つには「リビング」、もう一つには「デスク」と書いた。

彼が退店した後に、今のノウハウを聞く。

「私は、自宅、職場という言い方をしましたけど、それは私と彼の間での言葉。それを彼自身の生活の言葉に置き換える必要があるんです。それがリビングとデスク」

彼がわかればいいのだから、そこに自宅、職場と書く必要はないそうだ。逆に、薬剤師が、自宅、職場と書いてしまっては、彼の意識が育たないのだという。どのような確認事項でも、患者自身に言葉に出させるようにしているらしい。言われたことはやらなくても大して意識しないが、自分で口にするとやる気が出てくるという。

そういえば、会社で部下に対して、よく用いる手法だ。

私のいる会社では、半期ごとに自分で目標やその方策を考えさせ、面談をする。結果についても、自分で考えさせて、反省させ、次期へとつなげている。

それを、薬剤師が患者に対して行っているのだ。

「高齢者など、難しい人もいるでしょう?」

「そりゃ、いますよ。だから、全員には無理だと思っています。でも、ちょっときっかけをつくったり、段階をふまえたりすれば、しっかりとできる人はたくさんいるんです」

伊藤さんは、自信満々に答える。

《まとめ》

□オープン・クエスチョンで誘導する　質問の仕方で相手の回答、さらには意識を変えることができる。

□ケキシカ理論を常に意識する　服薬指導では、傾聴、共感、指導、確認の順番と段階を意識する。患者が話す割合は8割確保を目指す。

□「確認」は患者自身の言葉で意識させる　薬剤師と患者は、日常生活で使う言葉が違う。患者自身の言葉で語らせて、意識づけする。

⑩ 患者を育て、患者協働の医療を実現させる

患者には医療に興味を持たせる

薬剤師の伊藤さんと話し込んでしまった。すっかり閉店時刻になっている。事務作業もあるだろう。そろそろ帰ろうかと思っていると、店の前に車が停まり、村松さんが降りてきた。

「今、帰ろうと思ってたんですよ。伊藤さんにいろいろと教えてもらって楽しかったです」

「そうでしたか。薬局が楽しいとは、なんとも嬉しいですね」

「いろんなノウハウまで聞いちゃいましたよ」

伊藤さんのほうに、目で同意を求めつつ、村松さんに言う。

「はい。隠すことは何もないし、どんどん聞いてください。患者さんが医療を楽しいと思ってくれることが大切なんです。それが、医療を〝自分ごと〟にしてくれる第一歩ですから」

例えば、お薬手帳は患者自身のものではなく、薬剤師のものだと思っている人がいるという。治療の方針も知識がない、わからないと言って、医師任せにしてしまう人もいるそうだ。ＯＴＣ薬も似たような商品が多く、選びきれないということで、結局は薬剤師の勧める商品を選びがちだという。

「スーパーで食材、ショッピングセンターで洋服を買う際などに、自分で選ばない人はほとんどいませんし、逆に楽しんでいますよね。医療だって同じだと思うんですよ」

そのためには、専門用語は使わない、その人に合わせたレベルで話すなど、工夫しているという。

「お薬手帳にメモしてもらうのは、その意味もあるんですよ」

薬剤師が話したことをメモしてあり、医師の説明を書いてきてもらうと、その人の興味の度合いや知識レベルなどがわかるそうだ。メモ書きの字の乱れ方などでも、心理的な動揺を把握できることもあるのだ。

患者協働の医療の概念を広める

でも、患者からすれば、医療者任せにしてしまったほうが楽で、確実なのではないだろうか？

村松さんが言う。

「患者さんがどういう人生を歩みたいかは私たち医療者ではわからないんです。だから、医療者任せにしてはいけないんですよ」

これまでの医療者は、「患者中心の医療」という概念のもと、患者のために多職種が連携し、チームになって医療を提供している。そこには、病院も薬局も、そして介護の分野なども入っていた。

しかし、今はこれをさらに進めた概念が広がっているという。

「患者協働の医療」

村松さんは力強く言う。

「患者さん自身が、どういう人生を歩みたいのかを明確にすることから、医療も介護も始まるんです」

それは、健康な生活にも通じる話であり、患者一人ひとり異なる健康な生活を確保するためには、患者が自ら、自分の求める健康な生活、さらには人生観を医療者へ文字として伝える必要がある。チーム医療のコントローラーは、医師ではなく、患者自身という考え方だ。

つまり、チームの中に患者自身も入る、いや、主導権を握るのだ。

また、興味深いことを言われてしまった。帰ろうとして鞄を手にしていたが、そっとソファに下ろした。

薬局が文化をつくる

自分が主導権を握り、医療者を活用する…。そんなことができるだろうか。

「だから、薬局が大切なんですよ」

医療に関しては情報格差が大きい。私たち非医療者と知識が豊富な医療者とでは、教えてもらう、教えてあげるという関係性が自然にできてしまっている。診察室での様子を思い浮かべればわかる。脊柱管狭窄症で悩む私の母は、医師に減薬の提案すらできずに私が付き添うこともある。

「健康な生活に関する連絡書って一緒につくったのを覚えていますか？」

私ががんの手術を受ける前に、村松さんのサポートをもらいながら、自分の望む健康な生活の様子や医療に対する希望などを箇条書きにして、主治医に渡した。

「あれは医療者抜きではつくりにくいですよね」

確かにそうだ。当時は、手術後のイメージなんてわからなかったので、村松さんにずいぶんと情報をいただいた。それをふまえて、自分の希望を書き出したものだ。

「本来は…病気になる前に、自分の人生観は書いておくものなんです」

何を楽しいと思えるのか、生きている間に何を成し遂げたいのか、どういう毎日を過ごしたいのか、大切な人や物は何か、どのようなことでもよいが、自分の人生において重要と思うことを文字にしておくことが必要だそうだ。

なぜならば、病気になると、思考が停止したり、病気のことで頭がいっぱいになって、冷静な判断ができなくなるからだという。また、時間に追われてしまうのもよくないらしい。

「遺言書みたいなものですか？」

私は聞いてみた。しかし、違うらしい。

もっと、漠然とした内容も含めて、生きている間のことを中心に、広く書き示すものだという。

「それを支援できる医療者は薬局の薬剤師だけなんですよ」

薬局がその文化をつくっていく時代がきているのだ。

意識が変わることで心地よくなる

そういえば、母と整形外科の主治医の様子を思い出した。

母の腰が痛くなって通院し始めた際に、私は母が庭での土いじりが趣味であることを伝えた。腰の痛みがなくなった際には、重い土を持ったり、小さな畑を耕すことを希望しているということだ。また、自宅が2階建てで、階段の昇り降りが多いことなども告げた。

始めは、痛み止めのこととリハビリテーションのことばかり話題になっていたが、それからは自宅での生活での留意点を言ってくれるようになった。

重いものを持つ際には左右のバランスを取ることや、階段では手すりを使うことなど、母の生活の楽しみをふまえた指導が入るようになって、母の医師に対する意識も、それまでの話しづらいという印象から、何でも相談してよいという考えに変わったようだ。

村松さんの意見を取り入れれば、さらにそれを口頭ではなく文書で伝えると、よりよいということになる。

「文字で渡せば、スタッフ間でも共有できますから」

確かに、毎回リハビリを担当してくれる理学療法士には、母の生活の様子は伝わっていなかったようだ。医療は多くの職種が関わっている。その意識を統一するのも患者自身の役割なのだ。

病気を治すことは目的ではない

私自身、今はがんがある身だ。完治は難しいと医師に言われている。

しかし、それでいいと思う。病気を治すことや、長生きをすることが自分の人生観ではない。それよりも運命を受け入れ、自分らしい生き方を全うすることが私には優先される。

それは、医師や薬剤師、さらには親や妻など、私に関わってくれているみんなと共有できている。

もちろん、今後の病気の進行によっては気持ちが変わるかもしれない。人間だから、気持ちが環境や状況において変化するのは当たり前であり、そのつど、その気持ちを表出できる関係性を築いておくことが大切なのだと私は考える。

今、薬局薬剤師の村松さんの力によって、その環境にいることをありがたく、そして嬉しく思っている。

「遅くまですみませんでした」

外はすっかり暗くなっている。話し込んでしまった縁に感謝しながら、薬局をあとにした。

《まとめ》

□患者には医療に興味を持たせる　興味があれば積極的に関わってくる。自ら考えさせることで、意欲を引き出す。

□患者協働の医療の概念を広める　中心にいて周りの関わりを待つのではなく、協働させることで、自らが医療のコントローラになるよう、教育していく。

□薬局が文化をつくる　医療の文化が変わる今、薬局が活躍できる文化をつくるのは薬局・薬剤師である。

□意識が変わることで心地よくなる　薬剤師が患者の意識を変えることで、医師とのやり取りも変わり、それが自らの気持ちを前向きにできる可能性がある。

□病気を治すことは目的ではない　自分の人生は何かを、自身で考えてもらう。それは時に変化するもの。目指す人生は常に共有する。

⑪ 未来の薬局への期待

調剤と監査はコンピューター化される

村松さんの薬局に通い始めてから、早いものでもう10年ほどが過ぎた。

つまり、新型コロナウィルス感染症（COVID—19）の拡大により、感染症に対する世界中の認識が変わってから10年が過ぎた。あの状況が、医療の変化を大きく進めた。

私のがんは全身に転移しているが、運よく進行が遅く、まだ命は続いている。

昨日の私は、医師のオンライン診療を受けた。そこで発行された処方箋が事前に登録している村松さんの薬局に自動で流れている。そして、さきほど、薬を渡す準備ができたと薬局から連絡があった。送り届けてもらうこともできるが、近所なので私はいつも薬局に取りに行く。

隣接しているカフェに立ち寄ってコーヒーを飲んだり、薬局でみなさんの働きぶりを見るのも楽しみになっているのだ。

薬局の扉を開けた。

以前は調剤室だった部屋はまるで小さな工場のようになっている。調剤と監査の業務はすべてコンピューター化されている。まだ人で対応している薬局もあるが、そういう店は安全性や確実性の観点から、診療報酬は相当に低く抑えられているという。

店内には、村松さんがいた。彼は、パソコンの前に座り、画面に向かって話をしている。どうやら遠方のお客さんに服薬指導をしているようだ。

オンライン服薬指導が実用化される

しばらくして、村松さんの手が空き、声をかけてきた。

「お待たせしました」

「遠くの人？」

オンラインで服薬指導していた人について話題を振ってみた。

「そうですね。おかげさまで、今では全国各地の患者さんのお薬を用意させていただいていますから」

実際に、対面の服薬指導が不要になってからは、インターネットを活用し、確実にファンを増やしてきた村松さんのような薬局がどんどん顧客を増やしているらしい。

「そういえば、伊藤さんは元気？」

結婚し、昨年、子どもが誕生したと聞いていた。

薬局には出てこなくなったが、いまやこの薬局にはいなくてはならない薬剤師だ。

「うん。オンラインで服薬指導を、彼女の自宅からやってくれていますよ」

薬剤師が自宅で勤務できるようになった。子どもがまだ小さいから、このような形態で働けるのはとてもよい環境なのではないだろうか。

この商店会では、行政の補助を受け、地域で働く方のための託児所を運営しはじめた。もう少しすれば、伊藤さんもそこを活用し、出勤してくるかもしれない。

医療データは共有化される

患者としての私も、薬を送り届けてもらい、薬剤師からオンラインの服薬指導を受けることができれば、実質的に薬局に来る理由はなくなる。

以前はお薬手帳があったり、支払いも必要だったが、今ではそのようなことはしない。お薬手帳にあった情報のみならず、医師の書いているカルテなども、すべてオンラインで情報が共有化されている。医師も薬剤師も、そして私自身や家族も、カルテなどを含めていつでも自宅のコンピューターで見ることができる。

健康診断のデータも同じように共有されている。それらにより、無駄な検査も減り、予防医学が発展した。

マイナンバーシステムが長年かかって、ようやく医療情報を統一できたのはつい最近のことだが、これによって国の医療費の大幅削減に寄与したという。

オプションだが、ＯＴＣ薬の情報なども共有できるようになっており、飲み合わせがよくないＯＴＣ薬を購入しようとすると、購入前に注意喚起の表示が出るようになった。支払いもすべてオンライン。登録されているカードから自動で決済されている。

地域の交流拠点

薬を受け取るため実際に薬局に足を運ぶ患者は少なくなった。私は珍しいタイプと言えるだろう。

しかし、顧客が来なくなった待合室は、毎日、そして随時、人があふれている！

そう、顧客ではない。地域のみなさんがここを交流の場として、活用している。店の一角では趣味のサークルが曜日と時間を決めて開催されている。今はボードゲームの時間なのだろう。この店らしく、健康をテーマにしたゲームのようだ。2〜3年前まではスマートフォンやタブレットという機器を使ったゲームが流行っていたが、それも古くなってきた。原点回帰と言えばいいだろうか、昔ながらのゲームが今のブームだ。

幹事は50歳ぐらいの男性だろうか。なんと、在宅ワーク中だそうだ。仕事をしながら、薬局でサークルを運営しているのだ。

他にも、薬膳、健康、介護教室など、薬局らしいイベントもあるが、財テク、起業、マナー教室といった異業種のテーマや、キッズファーマシーという子どもが薬剤師体験をしたり、宿題を互いに教え合うというキッズホームという時間帯もあるという。これらはもちろん、薬局にも収益が入る仕組みになっている。

村松さんは言う。

「子どもたちに向けた情報発信やイベントは大切なんですよ。薬剤師はカッコいい！　と言われるようになることが大切で、20年後の医療を支える人たちになりますからね」

本当に、今の村松さんはカッコいい！

薬局の役割は大きく変わりつつある。

薬局は地域住民の交流拠点であり、住民の健康を見守る拠点だ。

また、薬局は防災拠点としての意味合いもある。以前は多くの薬を置くスペースやカルテの棚が必要であったが、今では自動配送システムなども完備されたことで、多くの薬局では倉庫にゆとりができた。

そこで災害に備えて、薬局には近所の方が2～3日を過ごせるように、水や食糧などの備蓄をするようになった。地域の方の病気の特性などもデータベースからわかっており、効率的に管理できる。

外へ出ていく薬局

マイクロバスを改造した車が、村松薬局の車庫に戻ってきた。車の側面には今も変わらない店のコンセプトが大きく書かれている。

運転席から降りてきたスタッフは、2年ほど前から働いている薬剤師だ。今ではクリニックや薬局は車で移動しながら営業できるようになった。

そこで、近所のクリニックと共同で過疎地域の医療を支えるべく、活動している。

前の日にクリニックの車が訪れた地域に移動薬局としていくのだ。薬局としては、処方箋などの情報はオンラインで把握できている。

前日に診察を受けた人は翌日に薬を受けとり、服薬指導を受ける。オンライン指導でもよいが、村松さんは取りに来るような工夫をしている。

昨今では、過疎地域は医療だけでなく、生活雑貨品などのスーパーマーケットなども撤退し、宅配業者もカバーしないエリアが増え、高齢者が日用品の入手にも苦労している。

そこで、テレビから簡単に申し込めるようになった買い物システムと連動し、それらの商品も移動薬局に合わせて顧客に届けているのだ。

商品は家ごとに、近所のスーパーマーケットが用意してくれているので、積み込んでいくだけでよく、一方で配送料は行政からの助成金として入るので、十分に採算がとれるようになった。合わせて、村松さんがお勧めする健康食品の情報なども提供しているので、売上も右肩上がりだと聞いている。

さらに、買い物している商品を見るだけで食事の様子がわかるし、商品を届けることで生活実態も見える。そのため、薬剤師としては薬や医療の話だけではなく、食事や生活という全般にわたる関わりができるようになり、好評を得ている。

村松さんの薬局は、このように他の物販店とコラボし、着実に地域の中でなくてはならない存在になった。

どの業界と組むかは、まさに薬局の生き残りのためには必須の戦略となっている。

《まとめ》

□調剤と監査はコンピューター化される　安心・安全は人間よりも機械が優れている。自動化できる部分は人の手から離れていく。

□オンライン服薬指導が実用化される　ネットワークやコンピューターが広く活用される。

□医療データは共用化される　情報をいかに活用するかという次のステップに医療の世界は進む。

□地域の交流拠点　かかりつけ薬剤師などの制度の先にある姿は、地域活動の拠点としての役割がある。その場がある強みを生かしていく。

□外へ出ていく薬局　顧客を待つようなビジネスモデルはすでに時代遅れ。

⑫
10年後の想像から、今すべきことを

10年先を見つめる経営を

この10年で薬剤師の職務内容は大きく様変わりした。薬局の存在意義も変わってきている。

どの業種でも言えることだが、10年も経てば環境は大きく変わるのだから、ずっと同じ仕事をしていることがおかしい。変化に応じて、職務内容も柔軟に変化していく必要がある。

「もう、出会ってから10年が過ぎるんですね」

村松さんが懐かしそうに言う。

「いろいろと変化してきましたけど、さらに10年後はどうなっていますかね?」

私から問いかけてみた。

少し険しい経営者の顔になった村松さんは、常に10年後を想像し、それに向けて変化を考えると言う。そのことによって、1年後に実現させるべきことが見え、そのために今日すべきことが明確になるのだ。

他の業界や企業では、長期計画、中期計画、短期計画の立案と、その実行、さらには株式会社であればステークホルダーに対する説明はいつの時代でも行っている。それは、組織の規模に関係なく、薬業界であろうが飲食業であろうが、経営が伴う組織には必要な考え方である。

もちろん、予想する10年後の姿は随時変わる。しかし、予想し、そこから自らの方策を検討することが大切なのだ。

他業界との縁を広げ、太くする

「そういう長期計画って、どう立てていくのですか?」

失礼ながら、村松さん夫妻の事業は拡大成長しつつあるとはいえ、店舗展開よりは顧客とのつながりを大切にしており、いまだにスタッフは10人程度の中小企業である。何を参考にして考えていくのだろうか。

「大切なのは他業界の人たちとのつながりです。本音で話せる関係性があるので、私たちの業界や店がどう期待され、評価されているかが見えてくるのですよ」

国の施策はさして重要ではないようだ。

「私たちは、経営理念を実現するために経営しているんです。薬局やカフェはそのための手段。もちろん、国の制度や政策で経営を安定化させられる部分は取り入れますけど、そもそも診療報酬を当てにして利益を生み出す経営構造では、理念と乖離してしまいますよね」

だからこそ、経営理念が似ている他業界の経営者との縁を大切にしていくのだという。

今ある店舗は手段、すなわち道具ということだ。

村松さんの経営理念は「美と健康を通して人生を豊かにする」だった。それが実現できた社会においては、自らの組織は不要になるのが理念だ。

改造されたマイクロバスで過疎地域を回り、宅配などを行っても、そこには常に美と健康に関する商品や情報があり、一人ひとりの人生が豊かになるためのアイデアが提案される。

薬局だから薬を扱うのではなく、経営理念に沿う商品だから扱うのだ。

10年前と変わらないこと

いつの時代になっても変わらないこともある。

確実に言えるのは、診療報酬の制度に振り回されず、自らの経営理念を実現させていくことが組織の使命であるということだ。

薬局は、そのための手段に過ぎない。

薬局を経営するために薬剤師が存在するのではなく、経営理念を実現するために活躍するということだ。

そして、薬剤師は「薬に関する専門性をベースに活躍できる医療者」であり、その最も期待されている役割は、「地域住民にとっての健康な生活を確保していく」ということだ。

これからもそれは変わらない。

《まとめ》

□10年先を見つめる経営を　長期的視野に立つことで、今日やるべきことが見えてくる。

□他業界との縁を広げ、太くする　周囲からの評価が、未来の薬局の在り方を示してくれる。広い視野で今の立ち位置を常に確認し、次の一手を考える。

□10年前と変わらないこと　薬剤師としての軸はぶれてはいけない。

あとがき

経営には、経営理念、長期ビジョン、戦略など、経営者が考え、行動していくべきセオリーがあります。それが経営の楽しさであり、オリジナリティーの素晴らしさを感じられる部分でもあります。

実際に、10年後の薬業界や長期計画について問いかけると、自分なりの答えを持っている経営者（少数派です）がおり、そういう方と話をしていると大変に楽しいですし、彼らは生き生きと活躍しています。

しかし、その問いかけに答えられない方も薬業界には多くいます。両者間には、経営基盤の強さ、スタッフや顧客の定着率、そして何よりも経営者自身が経営をどれだけ楽しんでいるか、に大きな差があると感じるのです。

経営理念に基づく長期的な視野があるから、中短期の戦略が立てられる。その戦略があるから、今日すべき業務が見え、スタッフが意気揚々と仕事に取り組める。その活気が薬局にも感じられるから、そこに来る顧客や患者は健康になる元気をもらうことができる。

あなたの薬局の10年後はどのような姿になると想像していますか？


先見の明。それは、あなた自身が持っていなくてもいいのです。持っている人たちとつながり、語り合えばいいのです。その際に必要なのは、薬業界にはない、まったく違う立場の目なのです。

冒頭に、私は「これからの時代の薬局にできること」というテーマのイベントを開催したと報告しました。私からすれば、そのようなイベントは、患者の立場の私ではなく、薬業界のあなたが開催すべきだと考えています。

経営者は、いつでも悩むでしょう。戸惑うでしょう。不安に思うでしょう。

そのときに助けてくれる他業界の仲間と、これからの時代の薬局がどうあるべきかについて、しっかりと話し合う場をつくれる経営者であってほしいと願っています。

薬局はなくなりません。

しかし、役割は大きく変わっていきます。

薬剤師もいなくなりません。

しかし、業務内容は大きく変わっていきます。

10年前と、今と、10年先と。

そのとき、あなたは、どう変わっているのでしょう。

これからのあなたのご活躍に強く期待しています。

最後になりますが、本書の発刊にあたり、ご尽力いただいた株式会社エニイクリエイティブの十都和也氏、株式会社評言社の安田喜根氏に深く感謝申し上げます。

2020年9月　鈴木 信行

《著者紹介》

鈴木 信行（すずき・のぶゆき）

患医ねっと代表

1969年生まれ。二分脊椎症による身体障がい者、20歳にて精巣がん、47歳にて甲状腺がんに罹患、加療中。

大学卒業後、第一製薬㈱（現第一三共㈱）に入社。13年間にわたり製薬、製剤に関する研究所に勤めた後、カフェを経営するとともに、2011年より「患医ねっと」を創設。患者の側からよりよい医療を実現するために講演やイベントなどを企画、運営している。

北里大学薬学部非常勤講師。

■ホームページ
http://www.kan-i.net/index.htm

評言社 MIL 新書 Vol.002

薬剤師の村松さん

2020年11月11日　初版　第1刷　発行

著　　者　鈴木 信行
発 行 者　安田 喜根
発 行 所　株式会社 評言社
　　　　　東京都千代田区神田小川町 2-3-13 M&C ビル 3F
　　　　　（〒101-0052）
　　　　　TEL 03-5280-2550（代表）　FAX 03-5280-2560
　　　　　https://www.hyogensha.co.jp
企画制作　株式会社 エニイクリエイティブ
　　　　　東京都新宿区四谷 1-3 望月ビル 3F（〒160-0004）
　　　　　TEL 03-3350-4657（代表）
　　　　　http://www.anycr.com
印　　刷　中央精版印刷 株式会社

©Nobuyuki SUZUKI　2020　Printed in Japan
ISBN978-4-8282-0714-8 C3234
定価はカバーに表示してあります。
落丁本・乱丁本の場合はお取り替えいたします。